AF307686

Dein Glücksgeheimnis

Einführung

Die Bedeutung von ganzheitlichem Wohlbefinden - Wie dieses Buch hilft, ein gesundes und erfülltes Leben zu führen

Willkommen zu „Dein Glücksgeheimnis"!
Dieses Buch hilft dir, ein gesundes und erfülltes Leben zu führen, indem es Körper, Geist und Seele in Einklang bringt.
Ganzheitliches Wohlbefinden ist der Schlüssel zu einem ausgeglichenen und glücklichen Leben.
Hier findest du praktische Tipps und wissenschaftliche Erkenntnisse, die dir helfen, dein Wohlbefinden zu verbessern und ein erfüllteres Leben zu führen. Lass uns

gemeinsam dein Glücksgeheimnis lüften und den Weg zu einem besseren Leben beginnen!

Kapitel 1:

Richtige Ernährung – Warum du mehr bist als das, was du isst

Hast du jemals einen Marathonläufer gesehen, der sich nur von Schoko-Riegeln und Cola ernährt? Genau, ich auch nicht. Der Grund ist einfach: Unser Körper braucht die richtige Mischung aus Nährstoffen, um optimal zu funktionieren. Und nein, leider zählt Schokolade nicht als Gemüse.

1.1 Grundlagen einer ausgewogenen Ernährung

Stell dir vor, du bist der Chefkoch in einem Sterne-Restaurant, und dein Körper ist dein anspruchsvollster Gast. Was servierst du ihm? Klar, keine Tiefkühlpizza oder Instant-Nudeln. Dein Menü sollte bunt, vielfältig und nahrhaft sein. Obst und Gemüse sind die Stars auf deinem Teller, dicht gefolgt von Vollkornprodukten, Proteinen und gesunden Fetten. Den Brokkoli, den du als Kind immer zur

Seite geschoben hast, wirst du bald mit anderen Augen sehen – versprochen!

Eine ausgewogene Ernährung basiert auf der richtigen Kombination von Nährstoffen, die deinem Körper helfen, optimal zu funktionieren. Hier sind die Grundlagen:

- **Obst und Gemüse**: Die Superstars deiner Mahlzeiten. Sie sind reich an Vitaminen, Mineralstoffen und Ballaststoffen. Versuche, eine Regenbogenpalette auf deinem Teller zu haben – je bunter, desto besser.
- **Vollkornprodukte**: Brot, Nudeln, Reis und Haferflocken sollten vorzugsweise in ihrer Vollkornvariante genossen werden. Sie liefern länger anhaltende Energie und halten deinen Blutzuckerspiegel stabil.
- **Proteine**: Diese Bausteine des Lebens findest du in Fleisch, Fisch, Eiern, Hülsenfrüchten, Nüssen und Samen. Sie sind wichtig für den Muskelaufbau und die Zellreparatur.
- **Gesunde Fette**: Avocados, Nüsse, Samen und Olivenöl sind fantastische Quellen für ungesättigte Fette, die dein Herz schützen und dich satt halten.
- **Milchprodukte oder Alternativen**: Sie liefern Kalzium und Vitamin D, wichtig für starke

Knochen. Wenn du keine Milchprodukte verträgst, greife zu angereicherten pflanzlichen Alternativen.

1.2 Nährstoffreiche Lebensmittel und ihre Vorteile

Um die Vorteile einer ausgewogenen Ernährung voll auszuschöpfen, ist es wichtig, nährstoffreiche Lebensmittel zu wählen. Hier sind einige Beispiele und ihre Vorteile:

- **Grünes Blattgemüse**: Spinat, Grünkohl und Brokkoli sind reich an Vitaminen A, C, E und K sowie an Mineralstoffen wie Kalzium und Eisen. Sie fördern die Knochengesundheit und das Immunsystem.
- **Beeren**: Erdbeeren, Blaubeeren und Himbeeren sind vollgepackt mit Antioxidantien, die die Zellen vor Schäden schützen und das Herz-Kreislauf-System unterstützen.
- **Nüsse und Samen**: Mandeln, Walnüsse und Chiasamen bieten gesunde Fette, Protein und Ballaststoffe, die für eine langanhaltende Sättigung sorgen und die Gehirnfunktion unterstützen.
- **Fettreicher Fisch**: Lachs, Makrele und Sardinen sind hervorragende Quellen für Omega-3-

Fettsäuren, die Entzündungen im Körper reduzieren und die Herzgesundheit fördern.

- **Hülsenfrüchte**: Bohnen, Linsen und Kichererbsen sind reich an Proteinen, Ballaststoffen und wichtigen Mineralstoffen wie Magnesium und Kalium. Sie unterstützen die Verdauung und den Blutzucker-Haushalt.

1.3 Tipps für eine nachhaltige und gesunde Ernährungsweise

Nachhaltige Ernährung bedeutet, Lebensmittel zu wählen, die gut für dich und die Umwelt sind. Hier sind einige Tipps, wie du dies umsetzen kannst:

- **Regional und saisonal einkaufen**: Bevorzuge frische Produkte aus deiner Region und der jeweiligen Saison. Dies unterstützt lokale Bauern und reduziert den CO_2-Fußabdruck.
- **Bio-Produkte wählen**: Bio-Lebensmittel sind frei von synthetischen Pestiziden und fördern eine nachhaltige Landwirtschaft.
- **Fleischkonsum reduzieren**: Integriere mehr pflanzliche Proteine in deine Ernährung. Dies ist gut für deine Gesundheit und die Umwelt.
- **Lebensmittelverschwendung vermeiden**: Plane deine Mahlzeiten im Voraus, um Lebensmittel effizienter zu nutzen und weniger wegzuwerfen.

- **Nachhaltige Verpackungen nutzen**: Verzichte auf Einwegplastik und nutze wiederverwendbare Behälter und Taschen.

1.4 Beispielhafte Ernährungspläne und Rezepte

Hier sind einige Beispiel-Pläne und Rezepte, die dir helfen, eine ausgewogene Ernährung in deinen Alltag zu integrieren:

Tagesplan 1:

- **Frühstück**: Haferflocken mit Beeren, Nüssen und einem Löffel Joghurt.
- **Mittagessen**: Quinoa-Salat mit Gemüse, Kichererbsen und einer leichten Zitronenvinaigrette.
- **Snack**: Eine Handvoll Mandeln und ein Apfel.
- **Abendessen**: Gebratener Lachs mit Süßkartoffelpüree und gedünstetem Brokkoli.
- **Snack**: Ein Stück dunkle Schokolade und ein paar Blaubeeren.

Rezept für Quinoa-Salat:

- **Zutaten**: 1 Tasse Quinoa, 2 Tassen Wasser, 1 rote Paprika, 1 Gurke, 1 Avocado, 1 Dose Kichererbsen, 1 Zitrone, Olivenöl, Salz, Pfeffer

- **Zubereitung**:
    1. Quinoa abspülen und mit Wasser in einem Topf zum Kochen bringen. Hitze reduzieren und etwa 15 Minuten köcheln lassen, bis das Wasser aufgesogen ist.
    2. Gemüse würfeln und Kichererbsen abspülen.
    3. Gekochte Quinoa mit Gemüse und Kichererbsen mischen.
    4. Zitronensaft, Olivenöl, Salz und Pfeffer hinzufügen und gut vermengen.

Tagesplan 2:

- **Frühstück**: Smoothie aus Spinat, Banane, Mandeln und Hafermilch.
- **Mittagessen**: Vollkorn-Wraps gefüllt mit Hummus, gegrilltem Gemüse und frischem Spinat.
- **Snack**: Karottensticks mit Hummus.
- **Abendessen**: Hühnchenbrust mit Quinoa und einem Salat aus Tomaten und Gurken.
- **Snack**: Eine Handvoll Walnüsse und getrocknete Aprikosen.

Kapitel 2:
Richtige Körperhaltung – Warum du mehr bist als ein krummer Rücken

Hast du jemals einen Pinguin mit Rückenschmerzen gesehen? Nein? Vielleicht, weil Pinguine immer eine tadellose Haltung haben. Genauso sollten wir Menschen uns bemühen, eine gute Körperhaltung zu bewahren. Denn eine korrekte Haltung ist nicht nur gut für unsere Wirbelsäule, sondern auch für unser allgemeines Wohlbefinden und Selbstbewusstsein.

2.1 Die Wichtigkeit der Körperhaltung für die Gesundheit

Eine gute Körperhaltung ist mehr als nur eine Frage der Ästhetik. Sie spielt eine wesentliche Rolle für unsere Gesundheit und unser Wohlbefinden. Hier sind einige der wichtigsten Vorteile:

- **Verringerung von Rückenschmerzen**:
  Eine korrekte Haltung entlastet die Wirbelsäule und

reduziert das Risiko von Rückenschmerzen und Verspannungen.

- **Verbesserte Atmung**: Eine aufrechte Haltung öffnet den Brustkorb und erleichtert das Atmen, was die Sauerstoffversorgung des Körpers verbessert.
- **Steigerung des Selbstbewusstseins**: Menschen mit guter Haltung wirken selbstbewusster und fühlen sich oft auch selbstbewusster.
- **Vorbeugung von Haltungsschäden**: Langfristig hilft eine gute Haltung, degenerative Veränderungen an der Wirbelsäule zu verhindern.

2.2 Übungen zur Verbesserung der Körperhaltung

Regelmäßige Übungen können dazu beitragen, deine Haltung zu verbessern und zu erhalten. Hier sind einige effektive Übungen:

- **Katzen-Kuh-Übung**: Diese Yoga-Übung hilft, die Flexibilität der Wirbelsäule zu erhöhen. Gehe in den Vierfüßler-Stand und wölbe deinen Rücken abwechselnd nach oben (Katzenstellung) und nach unten (Kuhstellung).
- **Planks**: Stärkt die Rumpfmuskulatur und unterstützt eine gerade Wirbelsäule. Halte die Position so lange wie möglich, ohne die Hüfte absinken zu lassen.

- **Brustdehnung**: Stelle dich in eine Türöffnung, lege die Arme an den Türrahmen und lehne dich vorsichtig nach vorne, um die Brustmuskulatur zu dehnen.
- **Rückenstrecker/Superman**: Lege dich auf den Bauch und hebe gleichzeitig Arme und Beine vom Boden ab. Halte diese Position für ein paar Sekunden und senke dann langsam ab.

2.3 Arbeitsplatzgestaltung und Ergonomie

Die richtige Gestaltung deines Arbeitsplatzes kann einen großen Unterschied für deine Haltung machen. Hier sind einige Tipps zur ergonomischen Gestaltung:

- **Stuhl**: Ein ergonomischer Stuhl sollte deinen unteren Rücken unterstützen und höhenverstellbar sein. Deine Füße sollten flach auf dem Boden stehen, und die Knie sollten im rechten Winkel gebeugt sein.
- **Schreibtisch**: Dein Schreibtisch sollte so hoch sein, dass deine Unterarme parallel zum Boden sind, wenn du tippst.

- **Bildschirm**: Der obere Rand deines Bildschirms sollte auf Augenhöhe sein, damit du deinen Kopf nicht nach unten neigen musst.
- **Tastatur und Maus**: Platziere deine Tastatur und Maus so, dass du bequem und ohne Anspannung darauf zugreifen kannst. Eine Handgelenks-Auflage kann zusätzlichen Komfort bieten.
- **Pausen**: Stehe regelmäßig auf, strecke dich und bewege dich. Auch ein kleiner Spaziergang kann Wunder wirken.

2.4 Vermeidung und Behandlung von Haltungsschäden

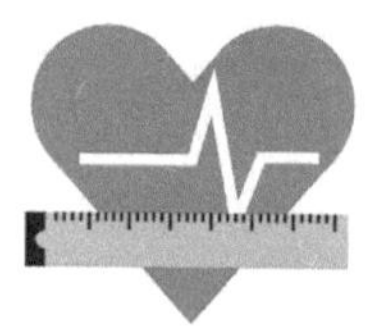

Trotz aller Bemühungen kann es vorkommen, dass Haltungsschäden auftreten. Hier sind einige Tipps zur Vermeidung und Behandlung:

- **Früherkennung**: Achte auf frühe Anzeichen von Haltungsschäden, wie Rückenschmerzen, Nackenverspannungen oder Kopfschmerzen. Je früher du reagierst, desto besser.
- **Regelmäßige Bewegung**: Integriere regelmäßige Bewegung in deinen Alltag. Dies kann helfen, Muskelschwächen auszugleichen und Haltungsschäden vorzubeugen.

- **Professionelle Hilfe**: Wenn du bereits Haltungsschäden hast, zögere nicht, professionelle Hilfe in Anspruch zu nehmen. Physiotherapeuten können dir spezifische Übungen und Behandlungen empfehlen.
- **Richtige Schlafposition**: Eine gute Matratze und ein passendes Kissen sind entscheidend. Schlaf am besten auf dem Rücken oder der Seite, um deine Wirbelsäule zu schonen.
- **Stressmanagement**: Stress kann zu Muskelverspannungen und einer schlechten Haltung führen. Entspannungstechniken wie Yoga, Meditation oder Atemübungen können hilfreich sein.

Kapitel 3:

Mentale Hygiene und geistige Gesundheit – Warum dein Kopf mehr als nur ein Hutständer ist

Manchmal vergessen wir, dass unser Geist genauso viel Pflege und Aufmerksamkeit braucht wie unser Körper. Schließlich ist der Kopf nicht nur dazu da, um hübsche Hüte zu tragen. Die mentale Gesundheit spielt eine entscheidende

Rolle für unser allgemeines Wohlbefinden und unsere Lebensqualität.

3.1 Grundlagen der mentalen Gesundheit

Mentale Gesundheit bedeutet weit mehr als die Abwesenheit von psychischen Erkrankungen. Sie umfasst das emotionale, psychologische und soziale Wohlbefinden. Hier sind einige Grundlagen:

- **Selbstbewusstsein**: Sich selbst zu kennen und zu akzeptieren, ist der erste Schritt zu guter mentaler Gesundheit.
- **Emotionale Resilienz**: Die Fähigkeit, mit den Herausforderungen des Lebens umzugehen und sich von Rückschlägen zu erholen.
- **Positive Beziehungen**: Unterstützende soziale Netzwerke und gesunde zwischenmenschliche Beziehungen sind essenziell.
- **Sinn und Zweck**: Ein Gefühl der Zielstrebigkeit und Bedeutung im Leben zu haben, trägt erheblich zum mentalen Wohlbefinden bei.

3.2 Techniken zur Stressbewältigung und Achtsamkeit

Stress ist ein allgegenwärtiger Teil unseres Lebens, aber es gibt viele Techniken, um ihn zu bewältigen und unsere geistige Gesundheit zu fördern:

- **Achtsamkeit**: Achtsamkeit bedeutet, im gegenwärtigen Moment zu leben und sich seiner Gedanken und Gefühle bewusst zu sein, ohne sie zu bewerten. Meditation und Atemübungen sind effektive Achtsamkeits-Praktiken.
- **Progressive Muskelentspannung**: Diese Technik hilft, körperliche Spannungen abzubauen und den Geist zu beruhigen, indem man verschiedene Muskelgruppen nacheinander anspannt und entspannt.
- **Zeitmanagement**: Eine gute Planung und Priorisierung von Aufgaben können helfen, Stress zu reduzieren. Setze realistische Ziele und gönne dir regelmäßige Pausen.
- **Bewegung**: Körperliche Aktivität setzt Endorphine frei, die natürlichen Stimmungsaufheller. Selbst ein kurzer Spaziergang kann Wunder wirken.

3.3 Der Umgang mit negativen Gedanken und Emotionen

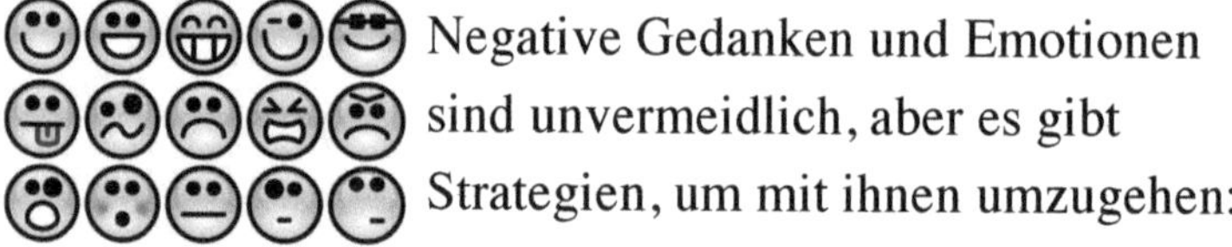 Negative Gedanken und Emotionen sind unvermeidlich, aber es gibt Strategien, um mit ihnen umzugehen:

- **Kognitive Umstrukturierung**: Identifiziere und hinterfrage negative Denkmuster. Ersetze sie durch realistischere und positivere Gedanken.

- **Gefühls-Tagebuch**: Schreibe deine Gedanken und Gefühle auf. Dies kann helfen, Klarheit zu gewinnen und emotionale Muster zu erkennen.

- **Akzeptanz**: Akzeptiere, dass negative Gefühle zum Leben dazugehören. Versuche, sie nicht zu unterdrücken, sondern sie zu verstehen und anzunehmen.

- **Gespräch mit einem Freund oder Therapeuten**: Manchmal hilft es, mit jemandem über deine Gefühle zu sprechen. Ein Perspektivenwechsel kann oft Klarheit und Erleichterung bringen.

3.4 Praktische Übungen für eine bessere mentale Hygiene

Es gibt viele praktische Übungen, die du in deinen Alltag integrieren kannst, um deine mentale Gesundheit zu fördern:

- **Dankbarkeitspraxis**: Schreibe täglich drei Dinge auf, für die du dankbar bist. Diese einfache Übung kann deine Perspektive verändern und deine Stimmung verbessern.
- **Atemübungen**: Tiefes, bewusstes Atmen kann Stress reduzieren und dir helfen, dich zu zentrieren. Probiere die 4-7-8 Methode: Atme 4 Sekunden ein, halte den Atem für 7 Sekunden und atme dann 8 Sekunden lang aus.
- **Visualisierung**: Stelle dir positive Szenarien oder Ziele vor. Diese Technik kann helfen, Stress abzubauen und dich motiviert zu halten.
- **Kreative Aktivitäten**: Malen, Schreiben, Musik-Machen oder andere kreative Hobbys können als Ventil für Emotionen dienen und Freude bringen.
- **Natur erleben**: Zeit in der Natur zu verbringen, kann beruhigend und erfrischend sein. Selbst ein kurzer Spaziergang im Park kann positive Effekte haben.

Kapitel 4:

Der Liebesstil – Warum gesunde Beziehungen der Kitt sind, der alles zusammenhält

Beziehungen sind wie der Klebstoff im Leben – sie halten alles zusammen und verleihen unserem Alltag Struktur und Sinn.

Aber nicht alle Klebstoffe sind gleich, und genauso ist es mit Beziehungen. Eine gesunde Beziehung kann dich stärken, während eine ungesunde Beziehung dich belasten kann.

4.1 Die Rolle gesunder Beziehungen für das Wohlbefinden

Gesunde Beziehungen sind entscheidend für unser Wohlbefinden. Sie bieten emotionale Unterstützung, fördern ein Gefühl der Zugehörigkeit und können sogar die körperliche Gesundheit verbessern. Hier sind einige Gründe,  warum gesunde Beziehungen so wichtig sind:

- **Emotionale Unterstützung**: Gute Beziehungen bieten einen sicheren Raum, in dem man sich austauschen und verstanden fühlen kann.
- **Psychologische Stabilität**: Gesunde Beziehungen tragen zur Stabilität und zum Selbstwertgefühl bei.
- **Physische Gesundheit**: Studien haben gezeigt, dass Menschen in glücklichen Beziehungen länger leben und weniger gesundheitliche Probleme haben.

4.2 Kommunikation und Konfliktlösung in Beziehungen

Eine effektive Kommunikation ist das Fundament jeder gesunden Beziehung. Konflikte sind unvermeidlich, aber es ist die Art und Weise, wie wir damit umgehen, die den Unterschied macht:

- **Aktives Zuhören**: Höre deinem Partner wirklich zu, ohne zu unterbrechen. Zeige Interesse und Verständnis für seine Gefühle und Gedanken.
- **Ich-Botschaften**: Statt Vorwürfe zu machen, drücke deine eigenen Gefühle und Bedürfnisse aus. Zum Beispiel: "Ich fühle mich verletzt, wenn..."
- **Konflikte konstruktiv angehen**: Versuche, ruhig zu bleiben und den Fokus auf die Lösung des Problems zu legen, anstatt Schuldzuweisungen zu machen.

- **Kompromisse finden**: Sei bereit, aufeinander zuzugehen und gemeinsame Lösungen zu finden. Kompromisse sind ein Zeichen von Respekt und Wertschätzung.

4.3 Selbstliebe und Selbstakzeptanz

Bevor du eine gesunde Beziehung mit anderen führen kannst, musst du eine gesunde Beziehung zu dir selbst haben. Selbstliebe und Selbstakzeptanz sind dabei essenziell:

- **Selbstfürsorge**: Nimm dir regelmäßig Zeit für dich selbst. Pflege Hobbys, treibe Sport und gönne dir Ruhepausen.
- **Selbstreflexion**: Sei dir deiner Stärken und Schwächen bewusst und arbeite daran, dich kontinuierlich zu verbessern.
- **Positive Selbstgespräche**: Achte auf deine innere Stimme. Ermutige und motiviere dich selbst, anstatt dich zu kritisieren.
- **Grenzen setzen**: Lerne, "Nein" zu sagen und deine eigenen Bedürfnisse zu priorisieren. Gesunde Grenzen sind ein Zeichen von Selbstachtung.

4.4 Tipps für eine erfüllte Partnerschaft

Eine erfüllte Partnerschaft erfordert
kontinuierliche Arbeit und Engagement von
beiden Partnern. Hier sind einige Tipps, die dir
helfen können, deine Beziehung zu stärken:

- **Qualitätszeit**: Verbringt regelmäßig ungestörte Zeit miteinander, in der ihr euch nur aufeinander konzentriert.
- **Gemeinsame Ziele**: Setzt euch gemeinsame Ziele und arbeitet zusammen an deren Erreichung. Das stärkt den Zusammenhalt und das Gefühl der Partnerschaft.
- **Dankbarkeit zeigen**: Drücke regelmäßig deine Wertschätzung und Dankbarkeit aus. Kleine Gesten können viel bewirken.
- **Humor bewahren**: Lachen ist ein starkes Bindemittel. Teilt humorvolle Momente und nimm das Leben nicht immer zu ernst.
- **Flexibilität**: Sei bereit, dich anzupassen und Veränderungen anzunehmen. Flexibilität ist ein Schlüssel zu einer langfristigen, erfüllten Beziehung.

Kapitel 5:

Körperliche Fitness – Wie du deinen Körper nicht nur am Laufen hältst, sondern zum Laufen bringst

Du kennst das wahrscheinlich: Das einzige Training, das du machst, ist das, wenn du versuchst, das letzte Stück Pizza zu erreichen, bevor es jemand anderes tut.

Aber körperliche Fitness ist weit mehr als das. Sie ist der Schlüssel zu einem gesunden und vitalen Leben. In diesem Kapitel werfen wir einen Blick auf die Vorteile regelmäßiger körperlicher Aktivität, verschiedene Arten von Übungen, die Erstellung eines individuellen Fitnessplans und wie du Bewegung nahtlos in deinen Alltag integrieren kannst.

5.1 Vorteile regelmäßiger körperlicher Aktivität

Körperliche Aktivität ist wie ein Wundermittel für deinen Körper und Geist. Hier sind einige der besten Gründe, warum du regelmäßig aktiv bleiben solltest:

- **Verbesserte Herzgesundheit**: Regelmäßige Bewegung stärkt dein Herz, verbessert die Blutzirkulation und senkt das Risiko für Herzkrankheiten.
- **Gewichtskontrolle**: Sport hilft, Kalorien zu verbrennen und kann dir helfen, ein gesundes Gewicht zu halten oder abzunehmen.
- **Steigerung der Energie**: Durch regelmäßige Bewegung wird dein Kreislaufsystem gestärkt, was dir mehr Energie und Vitalität verleiht.
- **Bessere Stimmung**: Sport setzt Endorphine frei, die als natürliche Stimmungsaufheller wirken und Symptome von Stress und Angst reduzieren.
- **Stärkung der Muskulatur und Knochen**: Krafttraining und Gewichtshebe-Aktivitäten helfen, Muskeln und Knochen zu stärken und Osteoporose vorzubeugen.

5.2 Verschiedene Arten von Übungen (Kraft, Ausdauer, Flexibilität)

Um von den vollen Vorteilen der körperlichen Fitness zu profitieren, ist es wichtig, verschiedene Arten von Übungen in deinen Plan aufzunehmen:

- **Krafttraining**: Diese Art von Übung zielt darauf ab, Muskelkraft und -masse zu erhöhen. Beispiele sind

Gewichtheben, Widerstandsbänder und Körpergewichts-Übungen wie Liegestütze und Kniebeugen.

- **Ausdauertraining**: Diese Übungen stärken das Herz-Kreislauf-System und erhöhen die allgemeine Ausdauer. Dazu gehören Aktivitäten wie Laufen, Radfahren, Schwimmen und schnelles Gehen.
- **Flexibilitätstraining**: Diese Übungen verbessern die Beweglichkeit der Gelenke und Muskeln und helfen, Verletzungen vorzubeugen. Yoga, Pilates und Dehnübungen sind hier besonders effektiv.

5.3 Erstellen eines individuellen Fitnessplans

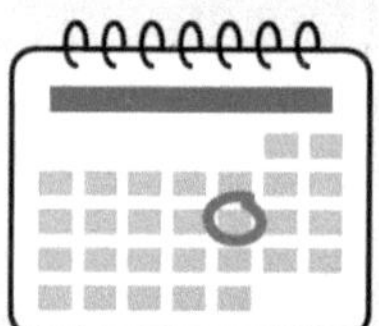 Ein gut durchdachter Fitnessplan ist wie eine Karte für eine Reise – er zeigt dir den Weg zu deinem Ziel. So kannst du einen individuellen Plan erstellen:

- **Ziele festlegen**: Überlege dir, was du erreichen möchtest – sei es Gewichtsreduktion, Muskelaufbau oder allgemeine Fitness. Setze klare, messbare und realistische Ziele.
- **Aktivitäten auswählen**: Wähle Übungen, die dir Spaß machen und die zu deinen Zielen passen. Mische verschiedene Arten von Übungen, um ein ausgewogenes Programm zu erstellen.

- **Zeitplan erstellen**: Plane feste Zeiten für dein Training in deinem Kalender ein. Achte darauf, dass du regelmäßig trainierst, aber auch genug Zeit für Erholung einplanst.
- **Fortschritt verfolgen**: Notiere deine Fortschritte und halte fest, wie du dich fühlst. Dies kann dir helfen, motiviert zu bleiben und Anpassungen vorzunehmen.

Beispiel für einen Wochen-Fitnessplan:

- **Montag**: Krafttraining (Oberkörper) – 45 Minuten
- **Dienstag**: Ausdauertraining (Laufen) – 30 Minuten
- **Mittwoch**: Yoga – 30 Minuten
- **Donnerstag**: Krafttraining (Unterkörper) – 45 Minuten
- **Freitag**: Ausdauertraining (Radfahren) – 30 Minuten
- **Samstag**: Aktive Erholung (Spazieren gehen) – 30 Minuten
- **Sonntag**: Ruhetag oder leichtes Stretching

5.4 Integration von Bewegung in den Alltag

Es ist nicht immer nötig, ins Fitnessstudio zu gehen, um aktiv zu bleiben. Hier sind einige Tipps, wie du Bewegung in deinen Alltag integrieren kannst:

- **Treppen statt Aufzug**: Wähle die Treppe, wann immer es möglich ist, um zusätzlich Kalorien zu verbrennen und deine Beinmuskulatur zu stärken.
- **Aktive Pausen**: Stehe während der Arbeit regelmäßig auf, dehne dich oder mache kurze Bewegungseinheiten wie Kniebeugen oder leichte Dehnübungen.
- **Fahrrad statt Auto**: Wenn es möglich ist, fahre mit dem Fahrrad oder laufe kurze Strecken, anstatt das Auto zu benutzen.
- **Haushaltsarbeiten**: Aufgaben wie Staubsaugen, Gartenarbeit oder Fensterputzen sind ebenfalls eine gute Möglichkeit, aktiv zu bleiben.
- **Spaziergänge**: Nutze deine Mittagspause oder nach dem Abendessen für einen Spaziergang. Es ist eine großartige Möglichkeit, sich zu bewegen und den Kopf freizubekommen.

Kapitel 6:

Schlaf und Erholung – Wie du dich nicht nur am besten ausruhst, sondern auch wirklich erholst

Wir alle wissen, wie sich ein Mangel an Schlaf anfühlt – es ist, als ob du mit einem Gewicht von zehn Tonnen auf den

Schultern durch den Tag schleppst. Aber Schlaf und Erholung sind nicht nur eine Frage der Müdigkeit. Sie sind essenziell für deine allgemeine Gesundheit und dein Wohlbefinden. In diesem Kapitel erforschen wir die Bedeutung von ausreichend Schlaf, geben Tipps für eine bessere Schlafhygiene, erläutern Entspannungstechniken und betrachten den Einfluss von Schlaf auf die allgemeine Gesundheit.

6.1 Die Bedeutung von ausreichendem Schlaf

Schlaf ist wie der nächtliche Reset-Knopf für deinen Körper und Geist. Ohne ausreichenden Schlaf können viele Systeme nicht optimal arbeiten. Hier sind einige Gründe, warum Schlaf so wichtig ist:

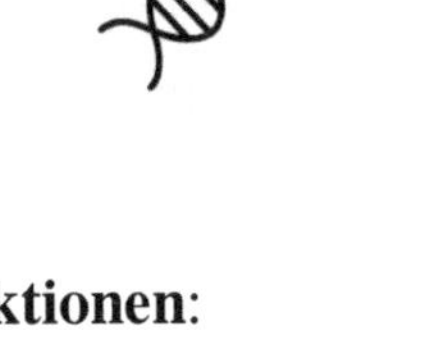

- **Wiederherstellung der Körperfunktionen**: Während des Schlafs finden wichtige Regenerations-Prozesse statt, die deine Muskeln reparieren und dein Immunsystem stärken.
- **Gedächtnis und Lernfähigkeit**: Schlaf spielt eine zentrale Rolle bei der Konsolidierung von Erinnerungen und dem Lernprozess. Guter Schlaf hilft dir, Informationen besser zu speichern und abzurufen.

- **Emotionale Regulation**: Ausreichender Schlaf hilft, deine Stimmung stabil zu halten und emotionale Reaktionen besser zu kontrollieren.
- **Körperliche Gesundheit**: Chronischer Schlafmangel kann das Risiko für verschiedene Gesundheitsprobleme erhöhen, darunter Herzkrankheiten, Diabetes und Bluthochdruck.

6.2 Tipps für eine bessere Schlafhygiene

Gute Schlafgewohnheiten sind entscheidend für einen erholsamen Schlaf. Hier sind einige Tipps, um deine Schlafhygiene zu verbessern:

- **Regelmäßiger Schlafrhythmus**: Gehe jeden Tag zur gleichen Zeit ins Bett und stehe zur gleichen Zeit auf – auch an Wochenenden. Dies hilft, deinen natürlichen Schlaf-Wach-Rhythmus zu regulieren.
- **Schlafumgebung optimieren**: Dein Schlafzimmer sollte dunkel, ruhig und kühl sein. Investiere in eine bequeme Matratze und Kissen.
- **Abendroutine etablieren**: Entwickle eine entspannende Abendroutine, wie Lesen, ein warmes Bad oder sanfte Dehnübungen, um deinen Körper auf den Schlaf vorzubereiten.
- **Bildschirmzeit reduzieren**: Vermeide es, in der Stunde vor dem Schlafengehen elektronische Geräte wie Smartphones oder Computer zu nutzen. Das

blaue Licht kann die Produktion von Melatonin
hemmen und das Einschlafen erschweren.

- **Koffein und Alkohol vermeiden**: Reduziere den
  Konsum von Koffein und Alkohol, insbesondere am
  Abend. Beide Substanzen können die Schlafqualität
  beeinträchtigen.

6.3 Entspannungstechniken und Erholungsphasen

Entspannungstechniken können dir helfen,
besser einzuschlafen und die Schlafqualität zu
verbessern. Hier sind einige Methoden:

- **Atemübungen**: Tiefe, langsame Atemübungen
  können helfen, den Geist zu beruhigen und den
  Körper auf den Schlaf vorzubereiten. Versuche die
  4-7-8 Methode oder das Zählen von Atemzügen.
- **Progressive Muskelentspannung**: Diese Technik
  beinhaltet das systematische Anspannen und
  Entspannen verschiedener Muskelgruppen, um
  körperliche Spannung abzubauen und die
  Entspannung zu fördern.
- **Meditation und Achtsamkeit**: Kurze
  Meditationsinheiten oder Achtsamkeitsübungen vor
  dem Schlafengehen können helfen, den Geist zu
  beruhigen und Stress abzubauen.

- **Visualisierung**: Stelle dir einen ruhigen, friedlichen Ort vor oder visualisiere positive, beruhigende Szenarien, um dich zu entspannen.

6.4 Der Einfluss von Schlaf auf die allgemeine Gesundheit

 Die Auswirkungen von Schlaf auf die allgemeine Gesundheit sind weitreichend und tiefgreifend. Hier einige Bereiche, die durch ausreichenden Schlaf beeinflusst werden:

- **Immunsystem**: Guter Schlaf stärkt dein Immunsystem und erhöht die Fähigkeit deines Körpers, Infektionen und Krankheiten abzuwehren.
- **Gewichtskontrolle**: Schlafmangel kann den Stoffwechsel negativ beeinflussen und das Risiko für Übergewicht und Fettleibigkeit erhöhen.
- **Herz-Kreislauf-Gesundheit**: Regelmäßiger, ausreichender Schlaf kann das Risiko für Herzkrankheiten senken und den Blutdruck regulieren.
- **Psychische Gesundheit**: Ausreichender Schlaf unterstützt die emotionale Stabilität und kann helfen, Symptome von Angst und Depression zu reduzieren.
- **Kognitive Funktionen**: Guter Schlaf verbessert die kognitiven Fähigkeiten wie Konzentration, Entscheidungsfindung und Problemlösung.

Kapitel 7:

Soziale Beziehungen und Gemeinschaft – Wie du deine Netzwerke stärkst und von deiner sozialen Welt profitierst

In einer Welt, in der man leicht den Kontakt zur Realität verlieren kann – sei es durch endlose Zoom-Meetings oder durch das ständige Scrollen durch soziale Medien – dürfen wir nicht vergessen, wie wichtig echte soziale Beziehungen sind.

Soziale Unterstützung, Netzwerke und Gemeinschaften sind nicht nur wichtig, sie sind entscheidend für unser Wohlbefinden. In diesem Kapitel erkunden wir die Bedeutung sozialer Unterstützung, wie du dein soziales Netzwerk aufbauen und pflegen kannst, den Einfluss ehrenamtlicher Tätigkeiten auf das Wohlbefinden und den Umgang mit sozialen Medien.

7.1 Die Bedeutung sozialer Unterstützung

 Soziale Unterstützung ist wie der Puffer gegen die Stürme des Lebens. Hier sind einige Gründe, warum sie so wichtig ist:

- **Emotionaler Rückhalt**: Freunde und Familie bieten Trost und Verständnis in schwierigen Zeiten, was helfen kann, Stress abzubauen und emotionale Belastungen zu mindern.
- **Praktische Hilfe**: In Notlagen oder bei alltäglichen Aufgaben können soziale Kontakte praktische Unterstützung leisten, wie z.B. beim Babysitten oder bei der Erledigung von Besorgungen.
- **Förderung des Selbstwertgefühls**: Positive soziale Interaktionen stärken das Selbstbewusstsein und das Gefühl der Zugehörigkeit.
- **Gesundheitsvorteile**: Studien zeigen, dass Menschen mit starken sozialen Beziehungen oft gesünder sind, weniger anfällig für Krankheiten und länger leben.

7.2 Aufbau und Pflege von sozialen Netzwerken

Ein stabiles und unterstützendes Netzwerk zu pflegen ist wie das Gießen eines Gartens – es braucht Aufmerksamkeit und Pflege. Hier sind einige Tipps, wie du dein soziales Netzwerk effektiv aufbauen und pflegen kannst:

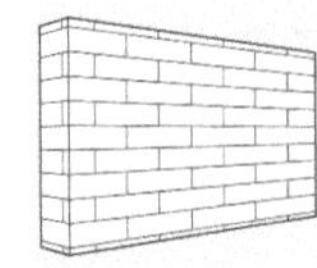

- **Aktives Engagement**: Nimm an sozialen Veranstaltungen teil, sei es ein Club, eine Sportmannschaft oder eine Interessengruppe. Engagement in Gemeinschaften schafft Gelegenheiten zum Knüpfen neuer Kontakte.
- **Beziehungen pflegen**: Halte regelmäßigen Kontakt zu Freunden und Familie, sei es durch Anrufe, Nachrichten oder persönliche Treffen. Zeige Interesse an ihrem Leben und ihren Anliegen.
- **Netzwerk erweitern**: Sei offen für neue Bekanntschaften und investiere Zeit in das Kennenlernen von Menschen. Gehe auf Veranstaltungen oder Schulungen, die dich interessieren, und nutze berufliche Netzwerke wie LinkedIn.
- **Geben und Nehmen**: Sei bereit, Unterstützung zu bieten und Hilfe anzunehmen. Ein ausgewogenes Geben und Nehmen stärkt die Beziehungen und schafft Vertrauen.

7.3 Ehrenamtliche Tätigkeiten und ihr Einfluss auf das Wohlbefinden

Ehrenamtliches Engagement ist nicht nur eine Möglichkeit, etwas Gutes zu tun, sondern kann auch deine Lebensqualität erheblich verbessern. Hier sind einige Vorteile:

- **Sinn und Zweck**: Ehrenamtliche Arbeit gibt dir das Gefühl, einen Beitrag zur Gesellschaft zu leisten und kann ein starkes Gefühl von Zweck und Erfüllung vermitteln.

- **Neue Fähigkeiten erlernen**: Durch ehrenamtliche Tätigkeiten kannst du neue Fähigkeiten entwickeln und Erfahrungen sammeln, die auch in anderen Lebensbereichen nützlich sein können.

- **Erweiterung des sozialen Kreises**: Du triffst Menschen mit ähnlichen Interessen und Werten, was zu neuen Freundschaften und Netzwerken führen kann.

- **Verbesserung des Wohlbefindens**: Studien haben gezeigt, dass Menschen, die ehrenamtlich tätig sind, oft eine höhere Lebenszufriedenheit und ein besseres emotionales Wohlbefinden haben.

7.4 Der Umgang mit sozialen Medien

Soziale Medien können sowohl Fluch als auch Segen sein. Hier sind einige Strategien, um sie auf eine gesunde Weise zu nutzen:

- **Bewusstsein für Zeit**: Setze dir klare Grenzen für die Nutzung sozialer Medien, um zu verhindern, dass du dich in endlosen Feeds verlierst. Nutze Apps zur Zeitkontrolle oder stelle feste Zeiten für die Nutzung ein.
- **Echt vs. Online**: Erinnere dich daran, dass das, was du online siehst, oft eine idealisierte Version der Realität ist. Vergleiche dich nicht mit den Hochglanzbildern anderer.
- **Qualität über Quantität**: Konzentriere dich auf qualitativ hochwertige Interaktionen und vermeide oberflächliche oder stressige Kontakte. Pflege Beziehungen, die dich positiv beeinflussen.
- **Digitale Entgiftung**: Plane regelmäßig Pausen von sozialen Medien ein, um dich zu erholen und die Verbindung zur realen Welt zu stärken.

Kapitel 8:

Berufliche Erfüllung und Work-Life-Balance – Wie du nicht nur für den Job lebst, sondern für ein erfülltes Leben

Die Vorstellung, dass Arbeit nur dazu da ist, Rechnungen zu bezahlen, ist veraltet. Arbeit kann weit mehr sein: Sie kann Quelle von Zufriedenheit, Sinn und persönlichem Wachstum sein. Aber wie findet man das Gleichgewicht zwischen Karriere und Privatleben, ohne sich dabei in einem unaufhörlichen Hamsterrad zu verlieren?

In diesem Kapitel werfen wir einen Blick auf die Rolle der Arbeit im Leben, Wege zur beruflichen Zufriedenheit, Techniken zur Verbesserung der Work-Life-Balance und das Stressmanagement im Beruf.

8.1 Die Rolle der Arbeit im Leben

Arbeit ist nicht nur ein Mittel zum Zweck –
sie kann eine bedeutende Rolle in unserem
Leben spielen. Hier sind einige Aspekte, wie
Arbeit unser Leben beeinflussen kann:

- **Sinnstiftung**: Arbeit kann ein Gefühl von Zweck und Sinn vermitteln, besonders wenn sie den eigenen Werten und Interessen entspricht.
- **Selbstverwirklichung**: Durch Herausforderungen und Erfolge im Beruf kann man sich selbst verwirklichen und persönliche Ziele erreichen.
- **Finanzielle Sicherheit**: Arbeit bietet die notwendige finanzielle Grundlage, um ein angenehmes Leben zu führen und persönliche Träume zu verwirklichen.
- **Gesellschaftliche Integration**: Der Beruf kann auch soziale Kontakte und Netzwerke bieten, die für das persönliche und berufliche Wachstum wichtig sind.

8.2 Wege zur beruflichen Zufriedenheit

Berufliche Zufriedenheit ist wie das Würzen
deines Lebens – sie macht alles schmackhafter.
Hier sind einige Wege, wie du berufliche
Zufriedenheit erreichen kannst:

- **Ziele setzen**: Klare, erreichbare Ziele helfen, die eigene Karriere in die gewünschte Richtung zu lenken und Erfolgserlebnisse zu schaffen.
- **Stärken nutzen**: Finde heraus, welche Aufgaben dir besonders liegen und welche Stärken du hast. Wenn möglich, integriere diese in deinen Arbeitsalltag.
- **Weiterbildung**: Investiere in deine berufliche Weiterbildung, um neue Fähigkeiten zu erlernen und deine Karrierechancen zu verbessern.
- **Feedback einholen**: Regelmäßiges Feedback von Vorgesetzten und Kollegen kann dir helfen, deine Stärken zu nutzen und an Verbesserungsmöglichkeiten zu arbeiten.
- **Arbeitsumgebung verbessern**: Gestalte deinen Arbeitsplatz so, dass er dich inspiriert und motiviert. Ein angenehmes Arbeitsumfeld trägt erheblich zur Zufriedenheit bei.

8.3 Techniken zur Verbesserung der Work-Life-Balance

Das Gleichgewicht zwischen Beruf und Privatleben zu halten, ist wie ein Jonglieren mit mehreren Bällen – es erfordert Übung und Planung. Hier sind einige Techniken, um deine Work-Life-Balance zu verbessern:

- **Feste Arbeitszeiten**: Setze klare Grenzen für deine Arbeitszeiten. Halte dich an diese, um Überstunden zu vermeiden und genügend Zeit für Freizeit und Erholung zu haben.
- **Prioritäten setzen**: Lerne, deine Aufgaben nach Wichtigkeit und Dringlichkeit zu priorisieren. Fokussiere dich auf das Wesentliche und delegiere Aufgaben, wenn möglich.
- **Freizeit planen**: Plane regelmäßige Auszeiten und Freizeitaktivitäten ein. Dies hilft dir, dich zu erholen und neue Energie zu tanken.
- **Flexibilität nutzen**: Nutze flexible Arbeitszeiten oder Homeoffice-Optionen, wenn dies möglich ist, um deinen Alltag besser an deine Bedürfnisse anzupassen.
- **Selbstfürsorge**: Achte darauf, dir selbst regelmäßige Pausen und Zeit für dich selbst zu gönnen. Dies kann dir helfen, deine Energie und Motivation aufrechtzuerhalten.

8.4 Stressmanagement im Beruf

Stress am Arbeitsplatz ist wie ein ungebetener Gast – er taucht auf, wann immer man ihn nicht gebrauchen kann. Hier sind einige Methoden, um beruflichen Stress zu bewältigen:

- **Zeitmanagement**: Plane deinen Arbeitstag effektiv und setze realistische Ziele. Vermeide Multitasking, da dies oft zu Fehlern und zusätzlichem Stress führen kann.

- **Entspannungstechniken**: Nutze Techniken wie tiefes Atmen, Meditation oder kurze Pausen, um dich zu entspannen und Stress abzubauen.

- **Gesunde Gewohnheiten**: Achte auf eine gesunde Ernährung, ausreichend Bewegung und genügend Schlaf, um deinen Körper und Geist stressresistenter zu machen.

- **Kommunikation**: Sprich Probleme oder Belastungen offen mit Vorgesetzten oder Kollegen an. Eine gute Kommunikation kann Missverständnisse klären und Lösungen für stressige Situationen finden.

- **Grenzen setzen**: Lerne, auch mal "Nein" zu sagen und deine Grenzen zu wahren. Übermäßige Arbeitsbelastung kann langfristig zu Burnout führen.

Kapitel 9:

Spirituelles Wohlbefinden – Wie du nicht nur den Kopf, sondern auch die Seele in Einklang bringst

Im hektischen Rhythmus des modernen Lebens kann es leicht passieren, dass wir den Kontakt zu unserem inneren Selbst verlieren. Spirituelles Wohlbefinden ist nicht nur eine Frage des Glaubens, sondern ein tiefgreifender Zustand innerer Harmonie und Ausgeglichenheit. In diesem Kapitel erforschen wir die Rolle der Spiritualität im täglichen Leben, verschiedene Wege, spirituelles Wohlbefinden zu erreichen, Meditation und andere spirituelle Praktiken sowie die Verbindung von Körper, Geist und Seele.

9.1 Die Rolle der Spiritualität im täglichen Leben

Spiritualität kann wie ein leiser Begleiter sein, der uns durch das Leben führt. Sie beeinflusst unsere Perspektive und unser Handeln auf

subtile, aber wesentliche Weise. Hier sind einige Aspekte, wie Spiritualität unser tägliches Leben bereichern kann:

- **Sinnfindung**: Spiritualität kann dir helfen, einen tieferen Sinn und Zweck im Leben zu finden, über die alltäglichen Herausforderungen hinaus.
- **Innerer Frieden**: Sie kann ein Gefühl von innerem Frieden und Gelassenheit fördern, auch in turbulenten Zeiten.
- **Ethik und Werte**: Spiritualität oft dient als Grundlage für persönliche Werte und ethisches Verhalten, die unser Handeln und unsere Entscheidungen beeinflussen.
- **Gemeinschaft**: Sie kann die Verbindung zu anderen Menschen stärken, die ähnliche spirituelle Überzeugungen oder Praktiken teilen.

9.2 Verschiedene Wege, spirituelles Wohlbefinden zu erreichen

Es gibt viele Wege, spirituelles Wohlbefinden zu erreichen, und es ist wichtig, denjenigen zu finden, der zu dir passt. Hier sind einige Ansätze:

- **Selbstreflexion**: Regelmäßige Selbstreflexion und das Hinterfragen deiner eigenen Werte und Ziele können dir helfen, deine spirituellen Überzeugungen besser zu verstehen.

- **Naturverbundenheit**: Zeit in der Natur zu verbringen kann eine tiefere Verbindung zu etwas Größerem herstellen und ein Gefühl der Verbundenheit und Dankbarkeit fördern.
- **Spirituelle Lektüre**: Bücher und Texte über Spiritualität können neue Perspektiven eröffnen und inspirierende Einsichten bieten.
- **Glaube und Rituale**: Der Besuch von religiösen oder spirituellen Zeremonien und die Teilnahme an Ritualen können eine Quelle der Kraft und des Trostes sein.

9.3 Meditation und andere spirituelle Praktiken

Meditation und andere spirituelle Praktiken sind wie Werkzeuge, die dir helfen können, in Kontakt mit deinem inneren Selbst zu treten. Hier sind einige beliebte Methoden:

- **Meditation**: Meditation hilft, den Geist zu beruhigen und sich auf den gegenwärtigen Moment zu konzentrieren. Sie kann Stress reduzieren, die Konzentration verbessern und ein tieferes Gefühl von Frieden und Klarheit vermitteln. Techniken wie Achtsamkeitsmeditation, geführte Meditationen oder stille Meditation sind weit verbreitet.

- **Achtsamkeit**: Achtsamkeit bedeutet, bewusst und ohne Urteil im Moment zu leben. Sie kann durch regelmäßige Übungen wie achtsames Atmen oder bewusstes Essen in den Alltag integriert werden.
- **Gebet**: Für viele Menschen ist Gebet eine zentrale Praxis, die sowohl eine Form der Kommunikation mit einer höheren Macht als auch eine Quelle der Unterstützung und Inspiration darstellt.
- **Yoga**: Yoga kombiniert körperliche Bewegung, Atmung und Meditation, um sowohl körperliche als auch geistige Gesundheit zu fördern und spirituelle Einsichten zu gewinnen.

9.4 Die Verbindung von Körper, Geist und Seele

Die Verbindung von Körper, Geist und Seele ist wie das Zusammenspiel der verschiedenen Instrumente in einem Orchester – sie erzeugen zusammen eine harmonische Symphonie.

Hier sind einige Aspekte, wie diese drei Dimensionen miteinander verknüpft sind:

- **Körperliche Gesundheit und Spiritualität**: Ein gesunder Körper kann die geistige Klarheit und spirituelle Erfahrung unterstützen. Regelmäßige

Bewegung, gesunde Ernährung und ausreichend
Schlaf tragen zur allgemeinen Balance bei.

- **Geistige Klarheit und Emotionale Balance**: Ein
klarer und ruhiger Geist kann emotionale Balance
und eine tiefere Verbindung zu spirituellen
Einsichten ermöglichen. Techniken wie Meditation
und Achtsamkeit fördern diese geistige Klarheit.
- **Seelisches Wohlbefinden und Lebenssinn**: Die
Pflege der Seele durch spirituelle Praktiken kann ein
Gefühl von Erfüllung und Sinn im Leben fördern.
Dies kann zu mehr innerer Ruhe und Zufriedenheit
führen.

Fazit

Dein Weg zu einem ganzheitlich gesunden Lebensstil: Zusammenfassung, Tipps und Inspiration

Nachdem wir die verschiedenen
Aspekte eines ganzheitlich gesunden
Lebensstils beleuchtet haben, ist es
an der Zeit, die wichtigsten Punkte
zusammenzufassen und dir einige praktische Tipps für die
Umsetzung im Alltag zu geben. Außerdem möchten wir dir

etwas Motivation und Inspiration mit auf den Weg geben, um deinen Weg zu einem gesunden und erfüllten Leben fortzusetzen.

Zusammenfassung der wichtigsten Punkte

In diesem Buch haben wir die folgenden Kernbereiche des ganzheitlichen Wohlbefindens untersucht:

- **Ernährung**: Wir haben die Grundlagen einer ausgewogenen Ernährung besprochen, die Bedeutung nährstoffreicher Lebensmittel hervorgehoben und Tipps für eine nachhaltige Ernährungsweise gegeben. Eine ausgewogene Ernährung ist der Grundpfeiler für körperliche Gesundheit und Energie.

- **Körperhaltung**: Die Bedeutung einer guten Körperhaltung für die Gesundheit wurde erläutert, und wir haben Übungen sowie Ergonomie-Tipps vorgestellt, um Haltungsschäden zu vermeiden und eine gesunde Haltung zu fördern.

- **Mentale Hygiene**: Wir haben Techniken zur Stressbewältigung und Achtsamkeit erkundet und Strategien zum Umgang mit negativen Gedanken und Emotionen vorgestellt. Mentale Hygiene ist entscheidend für geistige Klarheit und emotionale Stabilität.

- **Liebesstil**: Die Rolle gesunder Beziehungen und die Bedeutung von Kommunikation, Selbstliebe und Selbstakzeptanz wurden beleuchtet. Eine erfüllte Partnerschaft und starke soziale Bindungen tragen erheblich zum Wohlbefinden bei.

- **Körperliche Fitness**: Die Vorteile regelmäßiger körperlicher Aktivität wurden diskutiert, ebenso wie verschiedene Arten von Übungen und die Erstellung eines individuellen Fitnessplans. Regelmäßige Bewegung ist essenziell für körperliche und geistige Gesundheit.

- **Schlaf und Erholung**: Wir haben die Bedeutung von ausreichendem Schlaf erklärt und Tipps für bessere Schlafhygiene sowie Entspannungstechniken vorgestellt. Erholsamer Schlaf ist grundlegend für die Regeneration von Körper und Geist.

- **Soziale Beziehungen und Gemeinschaft**: Die Bedeutung sozialer Unterstützung und der Aufbau von Netzwerken wurden besprochen. Ehrenamtliche Tätigkeiten und der Umgang mit sozialen Medien wurden ebenfalls thematisiert. Starke soziale

Beziehungen sind ein wichtiger Bestandteil eines gesunden Lebensstils.

- **Spirituelles Wohlbefinden**: Die Rolle der Spiritualität im täglichen Leben, verschiedene Wege zur Erreichung spirituellen Wohlbefindens und Techniken wie Meditation wurden behandelt. Die Verbindung von Körper, Geist und Seele wurde als integraler Bestandteil eines erfüllten Lebens hervorgehoben.

Tipps für die Umsetzung der erlernten Strategien im Alltag

Um die in diesem Buch erlernten Strategien erfolgreich in deinen Alltag zu integrieren, hier einige praktische Tipps:

- **Setze klare Ziele**: Definiere konkrete Ziele für jede der Bereichen, die du verbessern möchtest, sei es Ernährung, Fitness oder Schlaf. Kleine, erreichbare Ziele helfen dir, motiviert zu bleiben.

- **Erstelle einen Plan**: Entwickle einen täglichen oder wöchentlichen Plan, um die Änderungen in deinen Lebensstil zu integrieren. Plane Zeit für gesunde Mahlzeiten, Bewegung, Erholung und soziale Interaktionen ein.

- **Bleibe flexibel**: Sei offen für Anpassungen, falls etwas nicht wie geplant funktioniert. Flexibilität hilft dir, dich besser an Veränderungen anzupassen und Rückschläge zu überwinden.

- **Nutze Erinnerungen und Tools**: Verwende Kalender, Apps oder Notizen, um dich an deine Gesundheitsziele und täglichen Routinen zu erinnern. Diese Tools können dir helfen, organisiert und auf Kurs zu bleiben.

- **Suche Unterstützung**: Teile deine Ziele mit
  Freunden, Familie oder einem Coach. Unterstützung
  und Motivation von anderen können dir helfen, auf
  Kurs zu bleiben und deine Ziele zu erreichen.

Motivation und Inspiration für einen ganzheitlich gesunden Lebensstil

Ein ganzheitlich gesunder Lebensstil ist wie eine Reise – es
geht nicht nur um das Erreichen eines Ziels, sondern um
den Weg dorthin und das Wachstum auf diesem Weg. Hier
einige inspirierende Gedanken, um dich motiviert zu halten:

- **Feiere kleine Erfolge**: Jeder Fortschritt, egal wie
  klein, ist ein Schritt in die richtige Richtung. Feiere
  deine Erfolge und nutze sie als Ansporn,
  weiterzumachen.

- **Bleibe neugierig**: Sei offen für neue Erfahrungen und Ansätze, die dir auf deinem Weg zu einem gesunden Lebensstil helfen könnten. Lernen und Entdecken halten die Reise spannend und bereichernd.

- **Visualisiere dein Ziel**: Stelle dir regelmäßig vor, wie du deine Ziele erreichst und wie dein Leben dann aussehen wird. Diese Visualisierungen können dir helfen, fokussiert und motiviert zu bleiben.

- **Sei geduldig mit dir selbst**: Veränderungen brauchen Zeit, und Rückschläge sind Teil des Prozesses. Sei geduldig mit dir selbst und erkenne die Fortschritte an, die du machst.

- **Glaube an dich selbst**: Dein Wohlbefinden ist es wert, in ihn zu investieren. Glaube an deine Fähigkeit, positive Veränderungen herbeizuführen und ein erfülltes Leben zu führen.

"Was mich glücklich macht, ist die Vorstellung, dass dieses Buch nicht nur Worte auf Papier sind, sondern eine Quelle der Inspiration und des Wohlbefindens für dich. Mein Wunsch ist es, dass die Ideen und Erkenntnisse, die du hier findest, einen starken, positiven Einfluss auf dein Leben haben und dir helfen, deine eigene Reise zu Glück und Erfüllung zu gestalten.«

Impressum

© 2024 Roberto Di Bartolomeo

Alle Rechte vorbehalten.

Verlag: BoD • Books on Demand GmbH, In de

Tarpen 42, 22848 Norderstedt

Druck: Libri Plureos GmbH, Friedensallee 273,

22763 Hamburg

ISBN: 978-3-7597-1467-1

Bibliografische Information der Deutschen
Nationalbibliothek: Die Deutsche Nationalbibliothek
verzeichnet diese Publikation in der Deutschen
Nationalbibliografie; detaillierte bibliografische Daten
sind im Internet über dnb.dnb.de abrufbar.